AF497872

SUPPLÉMENT

AUX

CONSIDÉRATIONS

SUR LA RÉFORME

DES ARMES,

*Jugée au Conseil de Guerre assemblé aux
Invalides , en 1773.*

M. DCC. LXXV.

AVANT-PROPOS.

Les Fauteurs de la Réforme des Armes, déclarés par un Jugement solemnel, *atteints & convaincus* des crimes dont ils étoient prévenus, ne cessent de pourfuivre le Sr. de St. Auban avec tout l'acharnement de la haine & de la vengeance. Avoir, avec la vérité de l'honnête-homme & la fidélité dûe au Roi, approfondi, par ordre exprès de Sa Majesté, des déprédations & des malversations qui compromettoient la fûreté du Royaume, en le privant de fa défenfe par un défarmement général, c'eft pour eux & pour les Protecteurs puiffans, qu'ils ont fçu fe procurer, un crime qui ne peut s'expier que par la mort & par le déshonneur. A l'immenfité de calomnies atroces répandues contre lui dans leurs Mémoires &

dans leurs Requêtes, a succédé l'affaffinat ; & à l'affaffinat fuccede aujourd'hui un autre genre d'attentat , auquel il n'eft pas moins fenfible , & qui, quoique configné dans un Ouvrage anonyme , & qui femble abfolument étranger à la Réforme , ne peut cependant être imputé qu'à la cabale protectrice de cette effrayante dévaftation ; le Sr. de St. Auban n'ayant & ne pouvant avoir d'autres ennemis que ceux que lui a fi injuftement attirés une auffi étonnante affaire.

Le Libelle, dont eft queftion, annonce le Sr. de St. Auban comme *ne devant fon avancement, & les grades & honneurs dont il eft décoré, qu'à une Charge vénale & à l'intrigue.* (a) Après avoir confondu les

______

(*a*) Expreffions littérales d'un Libelle anonyme, ayant pour titre : *Lettres d'un Officier d'Artillerie à un Officier-Général,* publié depuis quelques mois, & dont

atrocités de ſes calomniateurs , par la ſim-
ple expoſition de ſa conduite , & des pro-
cédés du Conſeil de Guerre , appuyée
des piéces juſtificatives les plus autenti-
ques (*a*) ; après s'être vu vengé par la con-
damnation de ſon Aſſaſſin , autant qu'il pouvoit l'être d'un criminel échappé & ſouſtrait
à la Juſtice , (*b*) il ne peut ſe diſpenſer
de repouſſer l'odieuſe imputation de ce
dernier Libelle , en ſe montrant tel qu'il
eſt depuis quarante-ſix ans qu'il a l'honneur de ſervir le Roi. C'eſt donc unique-

---

pluſieurs ballots , introduits furtivement dans Paris,
ont été arrêtés par la Police.

(a) *Conſidérations ſur la Réforme des Armes , jugée
au Conſeil de Guerre établi aux Invalides.*

(b) Le Baron *de Chargey* , Neveu du Sr. *de Belle-
garde* , condamné par Sentence du Châtelet , du 29
Mars 1774 , à être rompu vif à la Barriere du Tem-
ple , comme étant convaincu de l'attentat commis à
main armée , avec préméditation , envers M. de St.
Auban , le 30 Décembre 1773.

ment l'Etat de ſes Services qu'il mettra aujourd'hui ſous les yeux de M. le Comte du Muy. Pluſieurs des faits qu'il contient ne ſont point inconnus à ce Miniſtre, & il n'en eſt aucun dont il n'exiſte encore pluſieurs témoins reſpeƈtables en état d'en atteſter la vérité. C'eſt ſon témoignage, c'eſt le leur que réclame aujourd'hui le Sr. de St. Auban, perſuadé qu'ils ne lui refuſeront pas la juſtice de confondre l'impoſture, & de faire triompher la vérité.

ÉTAT

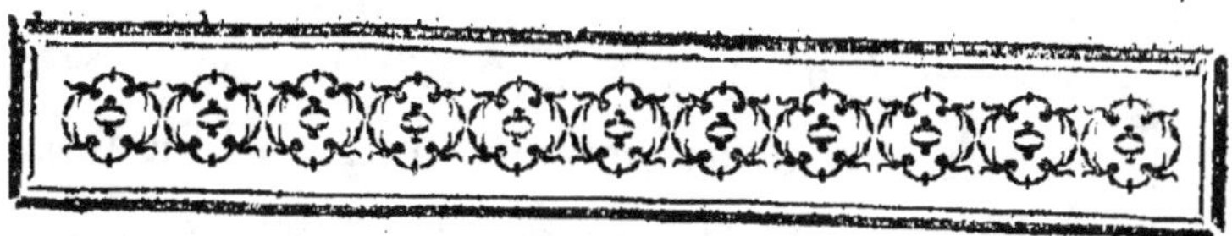

ETAT
DES SERVICES
DU Sʳ· DE Sᵗ· AUBAN,

Commandeur de l'Ordre Royal & Militaire de St. Louis, Maréchal de Camp, Inspecteur Général de l'Artillerie.

LE Sr. de Sᴛ. Aᴜʙᴀɴ a été fait Officier Pointeur de l'Artillerie en 1729.

Il a servi en Allemagne pendant la Guerre commencée en 1733, & finie en 1735. Sa jeunesse & l'infériorité des grades où il se trouvoit, n'ont pas permis alors qu'il pût être chargé de commissions fort importantes.

Nommé en 1741 à la premiere Aide-Majorité de l'Equipage d'Artillerie attaché à l'Armée qui passoit en Boheme, il s'est trouvé à l'attaque & à la défense de Prague, ainsi qu'à toutes les sorties & autres occasions dans lesquelles l'Artillerie a été employée.

Il eût péri d'une maladie violente que la ri-

A

gueur exceſſive de la ſaiſon, & les fatigues de
ſes fonctions lui avoient cauſée, en Décembre
1742, dans la retraite de M. le Maréchal de
Belle-Iſle, ſi ce Général ne lui eût fait fournir
un chariot, en ordonnant qu'il fût gardé avec
ſoin ; précaution d'autant plus néceſſaire, que ſa
maladie étoit parvenue au point de lui faire
perdre la tête, & de l'avoir empêché de s'ap-
percevoir qu'il avoit le pied droit gelé. Parvenu
à Egra au moyen de ces ſecours, il y fut à toute
extrêmité, après avoir été ſaigné dix-ſept fois.
A peine échappé à un danger auſſi imminent,
& avant même d'avoir entiérement recouvré
ſes forces, il ſe tranſporta à Metz pour ſe faire
traiter de ſon pied gelé, qui exigeoit les plus
prompts ſecours. En effet, pour peu qu'ils euſſent
été différés, l'amputation devenoit indiſpenſa-
ble ; il n'échappa même à cette cruelle extrêmité que par l'habileté du Chirurgien - Major
de l'Hôpital de cette Ville, & en ſouffrant conſ-
tamment la douloureuſe opération de ſe voir
décharner, à diverſes repriſes, tous les nerfs &
les muſcles du pied, pour en arracher les chairs
endommagées & mortifiées par la gelée. Un mois
de ce traitement l'ayant mis en état de ſe rendre à Paris, il ne ceſſa tout l'hiver ſuivant d'y
faire les remedes qui lui furent preſcrits, afin

(3)

de fe mettre en état d'entrer au printemps en Campagne, quoique les maladies qu'il venoit d'effuyer, les pertes d'équipages & les vols de toutes natures, qui en avoient été les fuites néceffaires, lui euffent coûté près de fept mille liv.

En 1743, feu M. de Valliere, Commandant en Chef de l'Equipage d'Artillerie, qui honoroit le Sr. de St. Auban de fes bontés, le retira de l'Etat-Major pour l'employer au Parc, ce qui lui procura l'avantage d'exécuter à la Bataille d'Ettingen, fous les yeux de ce Général, les quatre piéces de 12, qui, de l'aveu de toute l'Armée, cauferent le plus grand défordre dans l'Armée Angloife. M. de Valliere lui donna dans le refte de la Campagne les marques les plus caractérifées de confiance, en le chargeant, par choix & hors de rang, de commandemens particuliers, fouvent au-deffus de fon grade, qui n'étoit alors que l'équivalent de celui de Capitaine.

Defirant fe rendre familieres toutes les parties du fervice de l'Artillerie, il fupplia M. de Valliere, en 1744, de le retirer du Parc, pour l'employer dans les batteries, ce qu'il voulut bien lui accorder, lorfque l'Armée deftinée au Siége de Menin fut féparée pour former deux attaques. Il paffa en conféquence aux ordres de M. du Brocard, commandant l'Artillerie de

l'attaque de S. A. S. Mgr. le Comte de Clermont, & la batterie qu'il commandoit, en l'ab-
fence de M. de Mouy, fon Chef de Brigade,
eut affez de fuccès pour avoir déterminé les
affiégés à arborer le drapeau blanc dans la partie qu'elle battoit, plus d'une heure auparavant
qu'à l'attaque du Roi. Sa Majefté accompagnée
de fes Généraux, & de M. le Comte d'Argenfon, ayant voulu le lendemain juger par Elle-
même de l'effet de cette batterie, en marqua
tant de fatisfaction, que M. d'Argenfon procura la Croix de St. Louis au Sr. de St. Auban,
par diftinction de Service, & de préférence à
plus de cent vingt Officiers d'Artillerie fes
anciens.

Ayant fait enfuite, fous les mêmes Généraux,
les Siéges d'Ypres & de Furnes, il eut le bonheur de mériter la continuation de leur confiance, & la fatisfaction de leur voir applaudir
au fuccès de différentes commiffions importantes, dont M. du Brocard l'avoit chargé pendant le Siége de cette derniere Place. Il ter-
mina cette Campagne, aux ordres de ce Général, dans l'Armée commandée par M. le
Maréchal de Saxe.

En 1745, M. du Brocard le tira des batteries du Siége de Tournay, où il étoit em-

ployé, pour le charger des fonctions de Major
de l'Artillerie de l'Armée, qui peu de jours
après combattit à Fontenoy. La célérité de la
distribution préliminaire de l'Artillerie dans cette
journée, & son exécution, procurerent au Sr.
de *St. Auban* un témoignage de satisfaction,
de la part de M. le Maréchal de Saxe, trop
flatteur pour qu'il le passe sous silence. Après le
gain de la Bataille, lorsque ce Général retour-
noit chez lui excédé de maladie & de fatigue,
ayant rencontré le Sr. de St. Auban, il fit arrê-
ter, pour lui demander où l'on en étoit de l'Artillerie prise sur les ennemis, à quoi ce dernier
ayant satisfait, autant qu'il le pouvoit dans ces
premiers momens, & promis d'en rendre un
compte plus exact à M. le Maréchal, à l'heure du
lendemain qu'il lui plairoit ordonner, ce Général lui donna rendez-vous à neuf heures du matin,
ajoutant, malgré l'extrême foiblesse où il se
trouvoit : *M. le Major, j'ai été très-content de
l'Artillerie, mais en même temps j'ai bien vu les
endroits où vous n'avez pu vous porter.* On croira
sans peine qu'un témoignage de cette nature,
rendu publiquement dans de pareilles circonstances par un Héros tel que M. le Maréchal
de Saxe, porta jusqu'au transport la satisfaction
d'un Officier qui n'a jamais eu rien de plus cher

que l'honneur & la gloire. MM. le Prince de Soubife, le Duc d'Ayen, le Duc de Richelieu, & autres Seigneurs & Généraux, qui accompagnoient M. le Maréchal de Saxe, en furent témoins ; ils peuvent encore attefter aujourd'hui que les expreffions dont ce Général fe fervit dans cette occafion, furent littéralement telles qu'elles viennent d'être rapportées.

Après la Bataille de Fontenoy , le Sr. de St. Auban fut détaché, toujours chargé des fonctions de Major de l'Artillerie, aux Siéges d'Ath , d'Oudenarde , d'Oftende & de Nieuport , & il n'a pu douter d'y avoir fervi à la fatisfaction de MM. de Clermont-Gallerande & de Lowendal, qui les commandoient , d'après les comptes avantageux que ces Généraux ont rendu de fes fervices.

M. d'Invilliers, Major Général de l'Artillerie, ayant été grièvement bleffé au commencement du Siége de la Ville de Namur en 1746, M. de Malezieu, fucceffeur de M. du Brocard , qui avoit fi glorieufement terminé fa carriere à Fontenoy, ordonna au Sr. de St. Auban, employé alors premier Aide-Major de l'Equipage , de fe charger des fonctions de Major Général, ce qui fut confirmé par S. A. S. Mgr. le Comte d'Eu, de la maniere du monde la plus fatisfaifante & la plus flatteufe pour le Sr. de St. Auban, qui remplit cet emploi, tant aux Siéges des Ville & Château de Namur, qu'à la Bataille de Raucoux, qui fuivit immédiatement.

Il eut le bonheur de contribuer en quelque façon au fuccès de cette journée, en ce que s'étant affuré que nos batteries tiroient de trop loin, & ne pouvoient conféquemment remplir l'objet defiré, il propofa à S. A. S. Mgr· le Comte de Clermont, en préfence de M. de Lowendal, de M. de Vaudreuil, & de plufieurs Officiers, de les rapprocher de l'Ennemi, & de les porter en avant à un point beaucoup plus favorable qu'il indiquoit. *Mais*, dit M. de Lowendal, *qui vous foutiendra ? Quatre Coppa-gnies de Grenadiers*, répliqua le Sr. de St. Auban, en prenant la liberté d'obferver que, quoique les piéces qui tiroient ne fiffent que peu d'effet, à caufe de leur éloignement, il ne falloit pas cependant en faire ceffer, ni même en inter-rompre l'exécution, & que tandis qu'elles continueroient leur feu, on pouvoit les faire devancer par quatre piéces de 16 qui fe trouvoient en réferve aux ordres de M. de Mouy. S. A. S. ayant agréé cette propofition, & donné fes ordres en conféquence, M. de Mouy porta fon canon à l'emplacement défigné, avec tant de célérité, que les Compagnies de Grenadiers destinées à le soutenir, purent à peine le suivre, en courant à toutes jambes. Le feu de ces piéces, devenu infiniment plus meurtrier que celui des autres batteries, ne tarda pas à causer du désordre dans la gauche de l'Armée ennemie, & ce désordre fut toujours en augmentant en raison des différentes positions rapprochées que prirent les différentes batteries successivement, à commencer par les premieres, qui jusqu'alors avoient fait assez peu d'effet, à cause de leur trop grand éloignement, lesquelles s'étant porté bien avant & sur la gauche des quatre piéces de 16 de M. de Mouy, furent à leur tour dépassées par celles-ci, avec la même célérité, de façon que par des positions d'échelons en échelons, l'Artillerie contribua à la déroute de l'Armée Ennemie. M. le Maréchal de Saxe n'hésita pas à lui rendre cette justice sur le lieu même, en répondant à quelques complimens qu'on lui faisoit sur la gloire de cette journée, *qu'il n'y avoit rien d'impossible lorsque le gros Canon alloit aussi vîte que les Hussards.*

Le Sr. de St. Auban ne tira d'autre avantage du Service important qu'il avoit en quelque façon rendu dans cette occasion, que celui d'avoir contribué à procurer le grade de Brigadier

gadier à M. de Mouy, fon ancien. Ce n'eft pas
qu'il n'eût été prévenu par M. le Chevalier de
Montlezun, Aide de Camp de Mgr. le Comte
de Clermont, de toute la bonne volonté dont
le Prince étoit rempli pour lui; ce n'eft pas
même que S. A. S. ne l'eût elle - même preffé,
dès le lendemain de la Bataille, de déclarer la
récompenfe qu'il defiroit, en l'affurant des efforts
qu'elle feroit pour la lui procurer; mais le Sr.
de St. Auban fe trouvoit alors dans une pofition à ne pouvoir rien demander pour lui-même,
n'étant pas affez ancien Capitaine pour préten-
dre à la Commiffion de Lieutenant - Colonel,
feule grace dont il pouvoit d'ailleurs être fuf-
ceptible, indépendamment de ce que c'étoit
uniquement à S. A. S. Mgr. le Comte d'Eu à
juger s'il méritoit des préférences. C'eft ce qu'il
oppofa refpectueufement aux inftances réitérées
du Prince, M. de Lowendal préfent, en prenant la liberté d'expofer en même temps à
S. A. S. que les bontés dont elle daignoit l'honorer pouvoient juftement retomber fur M. de
Mouy, qui avoit fi bien exécuté l'opération,
que lui (de St. Auban) n'avoit fait que propofer; & que cet Officier ayant le grade de Lieutenant d'Artillerie, étoit fans difficulté fufcep-
tible de celui de Brigadier. M. de Mouy qui

B

étoit dans l'antichambre du Prince , parce que le Sr. de St. Auban l'ayant été chercher , l'y avoit amené en quelque façon malgré lui, fut introduit, & reçut des aſſurances poſitives d'être fait Brigadier ; aſſurances qui eurent le plus prompt effet.

Mgr. le Comte d'Eu occupé de l'avancement du Sr. de St. Auban , d'après les témoignages avantageux qui lui revenoient de toutes parts , lui fit propoſer par le Sécrétaire Général de l'Artillerie , d'acheter la Charge de premier Lieutenant-Général de l'Artillerie de France , qui venoit de vaquer par la mort de M. le Comte de Broſtel. Il remercia reſpectueuſement le Prince de ſes bontés , en l'aſſurant que le défaut de fortune étoit la ſeule cauſe qui l'em-pêchoit d'en profiter. S. A. S. lui ayant fait répondre que M. le Marquis de Thiboutot deſirant la Charge de M. de Broſtel , il lui offroit celle de M. de Thiboutot, qui étant d'une moindre finance , & devant lui procurer les mêmes avantages , pourroit mieux lui convenir. Le prix de cette derniere Charge , quoiqu'infiniment moindre que celui de la premiere , excédant encore de beaucoup les facultés du Sr. de St. Auban, il ſupplia le Prince de daigner lui conferver ſa bonne volonté juſqu'à ſon retour

à Paris, où il vouloit confulter fes parens &
fes amis fur la nature des engagemens qu'il
auroit à prendre, & des fûretés qu'il pourroit
donner à ceux qui lui feroient des avances, de
de façon que leurs fonds ne couruffent aucun
rifque.

C'eft en effet ce dont il s'occupa auffi-tôt la
fin de la Campagne. Ayant fait part des difpofitions favorables de Mgr. le Comte d'Eu à
Mgr. le Comte de Clermont, & ce Prince s'é-
tant fait expliquer tous les avantages que la
Charge dont étoit queftion pouvoit procurer
au Sr. de St. Auban, lui ordonna d'aller faire
les mêmes ouvertures à M. le Prince de Soubife, ajoutant qu'ils fe concerteroient enfemble, pour ne pas lui laiffer échapper cette
occafion d'avancement. M. le Prince de Soubife fut entiérement de même avis, & par un
trait de cette générofité qui le caractérife, dit
au Sr. de St. Auban qu'il pouvoit compter fur
trente mille francs à prendre chez fon Notaire,
quand il le jugeroit à propos. En vain ce dernier lui repréfenta le peu de fûretés qu'il pouvoit lui donner pour une pareille fomme, que
même il la perdroit infailliblement s'il venoit
à mourir, rifque qu'il couroit tous les jours à
la guerre, avant de l'avoir acquittée, attendu

que fon père, avec une fortune bornée, ayant plufieurs enfans, ne pouvoit s'engager pour lui. Le Prince, fans vouloir prêter l'oreille à ces confidérations, lui ordonna de voir dès le lendemain Mgr. le Comte d'Eu, pour s'affurer de l'effet de fes promeffes. Ayant été auparavant rendre compte à Mgr. le Comte de Clermont des difpofitions de M. le Prince de Soubife, S. A. S. mit le comble aux bontés dont elle honoroit le Sr. de St. Auban, en écrivant de fa main à M. de Montmartel une lettre très-longue & très-motivée, par laquelle elle le prioit de lui prêter quinze mille livres pour obliger une perfonne, &c. &c. La bienfaifance & la beauté de l'ame du Prince n'éclatoient pas moins dans les expreffions de cette lettre, que dans les motifs qui la lui avoient dictée.

Le Sr. de St. Auban n'éprouva pas de la part de Mgr. le Comte d'Eu des marques de bienveillance & de défintéreffement moins fatisfaifantes & moins utiles, ce Prince ayant bien voulu fe contenter de 33000 liv. comptant fur le prix de cette charge, montant à 60000 liv. & laiffer au Sr. de St. Auban la liberté de prendre pour les 27000 liv. reftantes, autant & d'auffi longs termes qu'il jugeroit à propos, & cela fans intérêts quelconques.

Telle eſt, dans la plus ſtricte vérité, la maniere dont le Sr. de St. Auban a acquis cette Charge. On jugera delà ſi le propos répandu par ſes ennemis, qu'*il ne doit ſon avancement, & les grades & honneurs dont il eſt décoré, qu'à une Charge vénale, & à l'intrigue*, eſt fondé. Il ne niera pas que cette Charge n'ait contribué à ſon avancement ; c'étoit même l'objet & l'unique point de vue qu'avoient les Princes, en concourant ſi noblement à la lui faire avoir. Mais ſur quoi fonder tant de bienveillance de leur part? Il ne craint point de le dire, ſur la maniere dont ils l'avoient vu ſervir à la guerre, & ſur les comptes avantageux qui leur en avoient été rendus. Il n'étoit connu de ces Princes que par ſon application conſtante à ſon métier, & par ſon zèle infatigable à le bien faire : delà le vif intérêt qu'ils prirent à lui procurer cette Charge, autant pour le rendre de bonne heure plus utile, en lui abrégeant les lenteurs d'un avancement ordinaire, que pour le récompenſer des ſervices qu'il avoit déja rendus. C'étoit d'ailleurs une porte qui n'étoit pas ouverte indifféremment à tous ceux qui s'y préſentoient avec de l'argent; & ce moyen de s'épargner quelques pas dans la carriere de l'Artillerie, étant légitime

par l'ufage & par l'ancienneté de fon établiffement , valoit bien au moins ceux qu'on a vu
depuis employés avec fuccès , pour franchir
d'un faut la totalité de la même carriere.

Au commencement de 1747 le Sr. de St.
Auban fut nommé Major - Général de l'Equipage de l'Armée du Roi , compofé de 150
piéces de canon. La préférence que S. A. S.
Mgr. le Comte d'Eu lui donna dans cette occafion , étoit une nouvelle preuve de l'eftime
qu'il avoit pour cet Officier, l'importance &
l'étendue des fonctions d'un pareil emploi ne
permettant pas qu'il fût confié indifféremment,
& fans choix; & quoique le Sr. de St. Auban
en eût déja eu plufieurs fois l'exercice, il ne
fut pas moins flatté de s'en voir titulaire à 32
ans. Il fervit en cette qualité à la Bataille de
Lawfelt ; mais il ne put faire le fiége de Berg-
op-Zoom, ayant été retenu à l'Armée du Roi,
ainfi que tous les autres Chefs des différens
Etats-Majors.

En 1748 il remplit les mêmes fonctions au
fiége de Maftrick, & paffa le refte de la Campagne à Bruxelles, avec M. le Maréchal de Saxe.

La paix faite, il fe trouva borné à l'exercice
de fa Charge, qui le retenoit à Paris, à moins
qu'il ne fût employé à la guerre.

Cette Charge, dont le titre étoit de *Lieute-nant-Général au département de l'Isle de France & Arcenal de Paris*, fut supprimée, sans remboursement , par l'Ordonnance du mois de Décembre 1755 , qui réunissoit le Génie à l'Artillerie, dans le moment où il touchoit à la céder, de l'agrément de S. A. S. Mgr. le Comte d'Eu, à M. Fautras d'Andreiiil , qui , en lui remboursant , suivant l'usage , les 60000 liv. qu'il avoit financées, étoit en outre chargé de solder à la caisse du Grand-Maître le droit de passage , montant à 6000 liv.

Ce coup fut d'autant plus cruel pour le Sr. de St. Auban , qu'il étoit bien éloigné de s'être libéré des engagemens qu'il avoit contractés pour l'acquisition de cette Charge. Quelque pénétré qu'il fût d'une perte aussi considérable qu'imprévue , il ne se permit cependant que des représentations très-modérées , en observant à M. le Comte d'Argenson que , si dans un arrangement général il avoit plu au Roi de comprendre la fortune d'un Particulier, il comptoit assez sur ses bontés, pour espérer qu'il trouveroit des moyens & des occasions pour l'en dédommager; que ses espérances étoient d'autant plus fondées à cet égard, qu'il n'avoit fait cette acquisition que

fur fon approbation, & par fes confeils ; mais
que la grace effentielle qu'il demandoit étoit
de vouloir faire ufage à la guerre de fon zèle
& de fa bonne volonté. Une pareille modé-
ration, fut fi agréable au Miniftre, qu'après
quelques éclairciffemens, il parut déterminé à
engager le Roi à donner au Sr. de St. Auban
un dédommagement de 30000 liv. en lui con-
tinuant, pendant fa vie, les appointemens de
fa Charge, qui étant de 3000 liv. lui euffent
tenu lieu, fur le pied de dix pour cent, de la
perte des trente autres mille livres. Cet arrangement, feul capable d'adoucir la fituation du
Sr. de St. Auban, n'eut point lieu par le dé-
placement du Miniftre, qui ayant ouvert la
plaie, pouvoit fe croire plus intéreffé à la fer-
mer que fes différens fucceffeurs, qui ayant
trouvé le mal fait, fans y avoir participé, ne
fe font pas jugés dans l'obligation d'y apporter
le remede.

La guerre s'étant déclarée en 1757, M. le
Marquis de Paulmy, alors Miniftre, manda le
Sr. de St. Auban pour le preffer de fe charger des fonctions de Major - Général des deux
Corps réunis à l'Armée de Soubife, accom-
pagnant cette propofition des propos les plus
flatteurs fur fon expérience, & fur la diftinction

tion avec laquelle il avoit rempli la place de Major-Général de l'Artillerie, dans la guerre précédente. Sur la réponse du Sr. de St. Auban, *qu'il auroit cru pouvoir espérer avoir le commandement de cette partie,* le Ministre ayant répliqué, que véritablement M. le Prince de Soubise l'avoit proposé, mais que les circonstances exigeant que ce Commandement fût donné à un Ingénieur, il étoit destiné à M. de Bourcet. Le Sr. de St. Auban ne répondit que pour assurer que sa volonté étoit l'obéissance, & qu'il feroit tous ses efforts pour remplir les vues du Ministre, & seconder celles de M. le Prince de Soubise. Il fit en conséquence cette Campagne comme Major-Général de l'Artillerie, & servit avec assez de distinction à la Bataille de Rosbach, pour que M. le Prince de Soubise se soit cru obligé à lui en procurer une marque de satisfaction de la part du Roi, par une pension de 600 liv. sur l'Ordre de St. Louis.

Il fit la Campagne suivante (de 1758), en la même qualité, dans la même Armée ; & d'après les comptes rendus à la Cour par M. le Maréchal de Soubise, de la façon dont il s'étoit conduit à la Bataille de Lutterberg, & dans tout le cours de la Campagne, il reçut de M. le Maréchal de Belle-Ifle, alors Miniftre, les affurances les plus pofitives du grade de Brigadier à la premiere promotion. Cependant cette promotion parut, & il ne s'y trouva point compris. On peut juger de la douleur qu'il en reffentit ; il la témoigna à M. le Maréchal de Belle-Ifle, qui lui répondit fur le champ en fubftance, *qu'il avoit trop d'eftime pour lui & pour le Corps à la tête duquel il fe trouvoit, pour avoir été capable de l'oublier dans la promotion des Brigadiers ; que s'il n'avoit pas paru dans la lifte qui avoit été publiée, c'étoit la faute de fes Bureaux, qui feroit réparée, & qu'il ne tarderoit pas à l'apprendre en forme :* ce qui fut effectivement exécuté fans délai ; mais la vérité du fait eft que la confiance des Miniftres & des Généraux pour le Sr. de St. Auban, avoit excité la jaloufie & l'intrigue, qui ayant manœuvré fourdement auprès de quelques Sous-ordres, avoient trouvé le moyen de le faire omettre ou rayer, dans l'efpérance que la promotion étant une fois devenue publique, le Miniftre fe croiroit vraifemblablement dans l'impoffibilité d'y rien changer, & laifferoit les chofes dans le même état, au moins jufqu'à la promotion fuivante.

Ce fut avec ce nouveau grade qu'il com-

manda pendant la Campagne de 1759 l'Artillerie de la Réserve, aux ordres de M. le Duc
de Broglie, qui n'ayant ceffé d'honorer le Sr.
de St. Auban de fa confiance & de fes bontés,
finit par rendre de fa conduite & de fes fervices les comptes les plus avantageux.

Nommé en 1760 pour commander en chef
l'Artillerie attachée au Corps de troupes que
S. A. R. Mgr. le Comte de Luface avoit à fes
ordres, il fut affez heureux pour manœuvrer
utilement, & à la fatisfaction de S. A. R. en
plufieurs occafions, & finguliérement à l'attaque de la Ville & des retranchemens de Caffel,
défendus par 6000 hommes, aux ordres de
M. de Kilmanzeck. Après une reconnoiffance
exacte, faite de concert avec M. de Montchenu, Maréchal-Général des Logis, pour
fixer les points d'attaque, tant de l'Infanterie
que de l'Artillerie, le Sr. de St. Auban prit la
liberté de repréfenter à fon S. A. R. *que cette
affaire étoit de nature à être entamée par l'Artillerie, que c'étoit au Canon à faire les premiers &
les principaux efforts, & qu'il feroit auffi inutile
que dangereux de faire marcher les Troupes, avant
qu'il leur eût préparé & frayé le chemin.* Ce Prince,
convaincu de la vérité de cet expofé, eut la
confiance de lui laiffer deux de fes Aides de

Camp deftinés à aller, au nom de S. A. R. porter l'ordre d'avancer aux colonnes comman-
dées par MM. le Comte de Vaux, de Vogué,
de Klingemberg & de Solms, au moment où
le Sr. de St. Auban croiroit avoir levé les prin-
cipales difficultés de l'attaque. Alors ce dernier
commença par établir une batterie de quatre
piéces, qu'il n'ignoroit pas être trop éloignée
du premier retranchement, pour pouvoir y
faire beaucoup d'effet, mais dont le feu devenoit néceffaire pour diftraire l'ennemi, au moins
en partie, de la marche de quatorze autres piéces, divifées en quatre batteries, qui fe por-
toient, avec la plus grande vivacité, fort en
avant des premieres, & très-à-portée de ce
retranchement. Leur feu n'eut pas plutôt com-
mencé, qu'il fit ceffer celui de ces quatre premieres, les fit dépaffer à leur tour celles qui
les avoient dévancées, & les porta à un point
reconnu très-favorable & très-rapproché de ce
premier retranchement, qui, après une réfiftance d'Artillerie affez vive, fut à la fin aban-
donné, & les autres fucceffivement, par le feul
effet de l'Artillerie, nos troupes n'ayant perdu
que douze à quinze hommes, emportés par le
canon de l'ennemi. Voyant le feu éteint au
dernier retranchement, ce qui le fit juger aban-

donné , le Sr. de St. Auban s'y porta avec
MM. de Montchenu & de la Morliere feuls ,
& y ayant trouvé une colonne ennemie que
quelqu'embarras empêchoit de déboucher dans
la Ville, le premier fut à toutes jambes faire
marcher les Compagnies de Grenadiers &
Chaffeurs du Régiment de la Marck , lefquels
arriverent affez à temps pour faire prifonniers
une foixantaine d'hommes de la queue de cette
colonne.

Notre Cavalerie, pendant cette attaque, s'é-
tant jettée un peu trop fur la droite, auroit pu
fouffrir confidérablement du feu de canon qui
partoit de la grande redoute de la Ville. Le Sr.
de St. Auban s'en étant apperçu, prit le parti de
partager le fien, en faifant diriger partie de fon
canon fur celui de cette redoute, jufqu'à ce
qu'il l'eût fait taire, & que la Cavalerie eût pris,
fans perte, une autre pofition, ce dont MM.
d'Obenheim , Prince de Naffau, d'Holftein &
de Rofen lui firent l'honneur de le remercier
après l'action.

M. le Maréchal de Broglie, qui des hauteurs
près Caffel avoit vu toute cette manœuvre
d'Artillerie, en témoigna hautement fa fatisfaction au Sr. de St. Auban, & finguliérement à
l'occafion de la demande que ce dernier lui fit de

quelques piéces de gros canon d'augmentation ; en lui difant devant tout le monde, *qu'il n'y avoit rien de moins néceffaire, puifqu'avec dix-huit piéces il venoit de faire l'ouvrage de quarante.*

Le lendemain la Ville de Munden fut emportée de la même façon, & avec la même célérité que l'avoient été la Ville & les retranchemens de Caffel.

S. A. R. de concert avec M. le Maréchal de Broglie, jugeant que le Cordon-rouge pouvoit être la feule récompenfe proportionnée aux fervices que le Sr. de St. Auban venoit de rendre, le demanda pour lui, & intéreffa vivement à cette demande Madame la Dauphine, fa fœur, qui après en avoir parlé à M. le Maréchal de Belle-Ifle, daigna faire affurer Madame de St. Auban du fuccès, par MM. de Rubempré, fon premier Ecuyer, & le Général Fontenay, Miniftre de Saxe, qu'elle chargea expreffément de cette commiffion. Cette Princeffe écrivit en même-temps à S. A. R. à l'Armée, *qu'elle avoit trouvé le Miniftre fi bien difpofé en faveur de M. de St. Auban, au moment où il venoit d'en parler au Roi, qu'elle avoit cru inutile d'en parler de nouveau à S. M.* & le Sr. de St. Auban reçut de fon côté une lettre de M. le Maréchal de Belle-Ifle, qui lui confirmoit ces favorables difpofitions; ce Miniftre lui marquant en fubftance, *que le Roi l'avoit chargé expreſſément de lui marquer toute fa fatisfaction, dont S. M. lui donnoit une preuve, en accordant toutes les graces qu'il avoit demandées pour les Officiers d'Artillerie à fes ordres; que quant au Cordon-rouge que S. A. R. & M. le Maréchal de Broglie avoient demandé pour lui, Sa Majeſté fe réfervoit de lui accorder cette grace à la fin de la Campagne.* Des promeſſes fi pofitives lui furent encore confirmées, lorfqu'à fon retour, préfenté à Madame la Dauphine, cette Princeſſe daigna s'avancer vers lui, & lui dire, qu'*elle n'oublieroit jamais les fervices qu'il avoit rendus à fon frere.* Cependant quelque folides qu'elles paruſſent, elles s'évanouirent par la mort de M. le Maréchal de Belle-Ifle, & il parut dans le même hiver une promotion de cinq Cordons-rouges, à laquelle le Sr. de St. Auban n'eut aucune part.

Le chagrin qu'il en reſſentit étoit vif, fans doute, mais il fut cruellement envenimé par une brufquerie du Sr. Dubois, qui répondit à fes juftes repréfentations dans un cas fi légitime, *que chaque Miniſtre étoit maître de fes volontés.* Tant de dureté lui infpira, dans le premier moment, le defir de s'y fouftraire pour toujours ; mais son attachement au service , ou plutôt son amour pour le Roi & pour l'Etat, lui fit dévorer ce désagrément , que M. le Duc de Choiseul adoucit d'ailleurs, en lui promettant verbalement, il est vrai, *que les promesses qui lui avoient été faites de la part du Roi seroient effectuées dans le cours de la Campagne suivante.*

Le Sr. de St. Auban se prépara donc à faire cette Campagne , & lorsqu'il fut question des arrangemens relatifs à l'Artillerie , sur la proposition qu'on lui fit de lui en donner le Commandement en chef sur le Bas-Rhin , (ce qu'il est en état de justifier) il répondit *qu'il ne pouvoit l'accepter au préjudice de M. d'Invilliers, son ancien , qui avoit été occuppé à Neuss tout l'hiver à préparer & à former l'Equipage , mais qu'il y serviroit volontiers en second ;* au moyen de quoi le Commandement en chef fut donné à M. d'Invilliers.

Ce fut à peu-près dans ces circonstances que le Sr. de St. Auban refusa les offres les plus avantageuses , qui lui furent faites de la part de quelques Puissances , & singuliérement au nom du Roi de Dannemarck , refus dont il n'entend se faire aucun mérite, d'autant qu'il ne lui a coûté ni efforts , ni regrets.

Dans le courant de la Campagne de 1761,
quoiqu'il

quoiqu'il ne commandât l'Artillerie qu'en fe-
cond, il ne laiffa pas que d'être chargé perfon-
nellement de différentes opérations importan-
tantes à Ham, à Unna, à Werle, &c. & lorfque
vers la fin de cette Campagne il fut queftion
d'affiéger Meppen, M. le Maréchal de Soubife
le nomma pour commander l'Artillerie deftinée
à cette opération, aux ordres de S. A. S. Mgr.
le Prince de Condé.

Ayant fait fes reconnoiffances dès le jour
même que les Troupes furent arrivées devant la Place , il ofa affurer le Prince que ,
moyennant certains fecours, faciles à fe procurer dans les Villages & Hameaux voifins, en
ouvrant la tranchée dès le même foir, & en
travaillant aux batteries de toutes efpeces avec
un peu d'ardeur, la place capituleroit infailliblement dans le quatriéme jour. Le fuccès répondit à fes promeffes, & S. A. S. fut fi con-
tente de la diligence des Officiers & Soldats
d'Artillerie, de leur zèle & de leur bonne volonté, qu'elle fe fit remettre par le Sr. de St.
Auban l'état des graces dont il les jugeoit fuf-
ceptibles ; & que l'ayant appuyé de tout fon
crédit auprès du Roi, toutes ces graces furent
généralement accordées, & même le grade de
Maréchal de Camp au Sr. de St. Auban ; grace

que S. A. S. avoit particuliérement demandée, laquelle flatta d'autant plus cet Officier, que l'ayant obtenue en particulier, & hors de rang, elle ne paroiſſoit cependant pas avoir excité d'envie, ni de mécontentement ; pluſieurs Brigadiers, de ſes anciens, ſervans à l'Armée, lui ayant écrit pour l'en féliciter. Ce que cette promotion extraordinaire pouvoit avoir de flatteur pour lui, s'évanouit peu de mois après, ayant été remis à ſon rang d'ancienneté de Brigadier, dans l'ordre des Maréchaux de Camp d'une très-nombreuſe promotion.

Le Commandement en chef de l'Artillerie de l'Armée de Condé lui ayant été donné en 1762, entre pluſieurs occaſions qu'il eut, pendant la Campagne, de ſervir utilement & à la ſatisfaction de ſon S. A. S. il ne parlera que de celle de Grouningen. Ce Prince, aſſuré que le Prince Héréditaire de Brunſwick, plus fort que lui de 16 à 18 mille hommes, devoit l'attaquer le lendemain, ne trouvant pas ſa poſition du 24 Août aſſez bonne pour y recevoir bataille, envoya à minuit chercher le Sr. de St. Auban, qui étoit au bivouac à la tête de ſon Artillerie, & daigna lui faire part du projet qu'il avoit formé de changer de poſition la nuit même, ne lui cachant pas que la ſeule inquiétude qu'il eût à cet égard, tomboit fur l'Artillerie, dont il craignoit que le tranfport ne pût s'effectuer avec l'extrême célérité que la circonftance exigeoit. Au moyen des précautions que le Sr. de St. Auban avoit prifes, il eut bientôt diffipé l'inquiétude de S. A. S. en l'affurant qu'après avoir ordonné qu'on fît manger les chevaux d'Artillerie tout attelés, il avoit fait faire un débouché & choifi un emplacement pour douze piéces de canon, afin de protéger la retraite en cas de befoin ; qu'il fe ferviroit de ce débouché pour faire paffer toute fon Artillerie au-delà du Landwert, fans embarraffer les troupes, en moins d'une heure & demie, & que cela fait il profiteroit du refte de la nuit pour prendre les pofitions les plus avantageufes, ce qui lui feroit d'autant moins difficile, qu'il les avoit reconnues pour la plus grande partie dès le jour précédent ; & tout ce qu'il promit ainfi au Prince fut exécuté, avec encore plus de célérité & de fuccès qu'il ne l'avoit fait efpérer.

Cependant le Prince Héréditaire, qui avoit fait toutes fes difpofitions pour attaquer l'Armée Françoife fur le terrein qu'elle occupoit la veille, ne la trouvant plus au jour fur fon front, fut obligé de les changer en totalité. Il étoit facile dé juger qu'il feroit fes principaux efforts par le centre, en commençant par établir du canon fur les hauteurs du Moulin de Grouningen, dont les rideaux étoient très-propres à couvrir l'arrivée de fes Troupes; & ce fut à empêcher l'établiffement de ces batteries, qui euffent été très-deftructives, que le Sr. de St. Auban apporta fa principale attention. Après y avoir pourvu, il parcourut tout le front & les flancs de l'Armée, afin de s'affurer parfaitement des avantages & des inconvéniens qu'ils préfentoient, relativement à l'Artillerie. Parvenu à la droite, il repréfenta à M. le Comte d'Affry, qui la commandoit, le danger qu'elle couroit, fi l'ennemi ayant fait paffer une colonne à travers un bois de facile accès, qui en déroberoit la marche, venoit établir du canon à trois chênes ifolés qu'on découvroit; point d'où notre ligne fe trouveroit facilement enfilée, & d'où il feroit aifé d'écrafer en peu de temps la Cavalerie, les Dragons & la Brigade des Gardes. Ces obfervations parurent d'autant plus juftes à M. d'Affry, qu'il les avoit déja faites lui-même; il ne fut donc queftion que des moyens propres à parer les inconvéniens qu'elles préfentoient, & c'eft ce qu'il demanda avec confiance au Sr. de St. Auban, qui le convain-

quit qu'il n'y en avoit pas d'autre à prendre,
que de conftruire fur le champ deux Redoutes
fermées, capables de contenir chacune 400
hommes & dix piéces de canon, avec ordre
aux Troupes qui les occuperoient, de tenir jufqu'à la derniere extrémité. Ayant reconnu
enfemble l'emplacement le plus favorable pour
ces Redoutes, & M. d'Affry ne pouvant quitter
fon pofte, defira que le Sr. de St. Auban fût
lui-même propofer au Prince ces difpofitions.
S. A. S. les ayant agréées, & donné des ordres
en conféquence, des détachemens de la Brigade des Gardes furent commandés fur le
champ pour travailler à ces Redoutes.

Le Sr. de St. Auban parcourut alors une
feconde fois tout le front de l'Armée, pour fe
concerter avec MM. les Officiers-Généraux &
Colonels, ou Commandans des différens Corps
fur la maniere de recevoir l'Ennemi, lorfqu'il
fe préfenteroit, & tous convinrent unanime-
ment avec lui de ne laiffer tirer les Troupes,
qu'après que l'Artillerie auroit employé tous fes
efforts, & fait ufage de toutes fes reffources en
tous genres; réfolution fondée fur la difpofition
du terrein, qui, s'étendant confidérablement en
pente douce, depuis les hauteurs du Moulin

jufqu'au Landwert , forceroit les Ennemis à
refter expofés à un feu très-deftructif de canon ,
qui ne pourroit que leur caufer une perte con-
fidérable, jufqu'à ce qu'ils fuffent à portée d'attaquer de vive force, s'ils en venoient jufques-là.

Mais c'eft ce que les premieres précautions ,
prifes par le Sr. de St. Auban, les avoit mis
hors d'état de faire. Leur premier foin, ainfi
qu'il l'avoit prévu, fut d'établir du canon à la
droite & à la gauche , & un peu en avant
du Moulin ; ils le tenterent vainement ; des
batteries difpofées d'avance , pour s'y oppofer
par des feux croifés, leur en ôterent toute poffibi-
lité : à peine les piéces paroiffoient-elles , qu'elles
étoient incontinent détruites , & les Troupes
deftinées à les fervir & à les foutenir, forcées
de les abandonner.

L'attaque du Prince héréditaire ne pouvant
avoir de fuccès , ni même être entamée que par
l'établiffement de ces batteries, il ne fe rebuta
pas du peu de fruit de ces premieres tentatives ;
mais en vain les renouvella - t'il pendant une
heure & demie, toutes eurent auffi peu de fuccès que les premieres , & il fe vit à la fin obligé
d'y renoncer, en abandonnant fon canon, fes
morts & les bleffés.

Réduit à prendre un autre parti, il détacha
de fa droite une forte colonne, dans l'intention
de prendre en flanc l'Armée Françoife, en dé-
paffant fa gauche fermée par la Brigade de
Boisgelin. Quoique la haufteur des bleds, à
travers lefquels cette colonne filoit, en longeant
un bois, en dérobât prefque entiérement la
marche, le Sr. de St. Auban s'en étant apperçu,
fit avancer en toute diligence quatre piéces de
12 qui tirerent avec tant de fuccès, que les
boulets ricochant de la tête au centre de cette
colonne, y cauferent le plus grand défordre,
& l'obligerent à fe jetter dans le bois qu'elle
côtoyoit, non fans une perte affez confidéra-
ble, que la hauteur des bleds & l'épaiffeur du
bois ne permirent de reconnoître qu'après l'affaire. Le Sr. de St. Auban ne la croyoit pas ter-
minée, quoique les efforts de l'Ennemi euffent
été infruĉtueux fur notre centre & fur notre
gauche ; il lui reftoit toujours les plus vives
inquiétudes pour notre droite, ce qui lui fit
raffembler & porter en toute diligence, à
cette droite, toutes les piéces de gros cali-
bres, qui n'étoient plus auffi néceffaires ailleurs ; mais cette précaution fe trouva fuper-
flue, l'Armée ennemie rebutée d'une réfiftance
d'Artillerie auffi vive & auffi meurtriere,

n'ayant rien tenté de plus , & s'étant abſolument retirée. (*a*)

Il peut paroître étonnant qu'il ne ſoit point ici queſtion des ordres ſupérieurs , en vertu deſquels toutes les diſpoſitions qu'on vient de rapporter avoient été faites ; c'eſt que véritablement S. A. S. honoroit le Sr. de St. Auban d'une telle confiance , qu'elle l'avoit laiſſé le maître abſolu de diſpoſer de l'Artillerie , qu'il commandoit , de la façon qu'il croiroit la plus propre à en tirer le meilleur parti. Elle parut aſſez ſenſible à l'emploi fait de cette confiance , pour témoigner au Sr. de St. Auban la plus vive ſatisfaction de ſes ſervices , dans une

---

(*a*) L'Hiſtoire ne nous fournit aucun exemple d'une Armée ſupérieure de 16 à 18 mille hommes , repouſſée par l'effet unique de l'Artillerie , & forcée de laiſſer ſur le Champ de Bataille , ſon canon , ſes morts & ſes bleſſés , après s'être obſtiné vainement à former différentes attaques. Mais que les diſpoſitions d'Artillerie, qui ont amené un pareil événement , ayent été faites & conduites par un Officier *qu'une Charge vénale & l'intrigue* avoient élevé à ce Commandement, c'eſt ce qui paroîtra encore plus extraordinaire à ceux qui penſent ou feignent de penſer comme l'Auteur du Libelle anonyme. La vénalité de la Charge poſſédée pendant quelques années par le Sr. de St. Auban, & dont il a perdu la finance, n'eſt cependant d'autre nature que celle de tous les Emplois Militaires dont les prix ſont taxés , & qui dans tous les cas , celui de mort excepté, rentrent aux Poſſeſſeurs. Quant à l'intrigue , tous les détails de ce Mémoire prouvent qu'il ne l'a connue que paſſivement, n'ayant ceſſé d'en être la victime.

occaſion

occaſion auſſi importante que celle qui venoit de ſe paſſer, où il ne s'agiſſoit pas moins que d'aſſurer, ou de voir détruire la jonction de l'Armée de Condé, avec celle de MM. les Maréchaux d'Eſtrées & de Soubiſe, au moment le plus critique. Elle lui en donna d'ailleurs des preuves, tant par les éloges publics qu'elle fit, & de l'Artillerie, & de celui qui la commandoit, qu'en rendant compte au Roi & au Miniſtre du ſuccès de cette Journée, qu'elle aſſuroit être dû uniquement à l'Artillerie & aux heureuſes diſpoſitions qui en avoient été faites; & en ſuppliant S. M. de daigner en marquer ſa ſatisfaction, en accordant aux Officiers de ce Corps, compris dans l'état adreſſé au Miniſtre, les graces demandées pour eux. Ces graces furent accordées ſur le champ & ſans reſtriction, à l'exception de celle propoſée pour le Sr. de St. Auban, à qui le Miniſtre écrivit en propres termes : *que S. M. étoit très-fâchée de ne pouvoir lui donner dans le moment le Cordon rouge, grace dont elle l'avoit jugé ſuſceptible ; qu'il n'y en avoit point de vacant, mais que le premier lui étoit deſtiné, qu'il en pouvoit être aſſuré.* S. A. S. ayant reçu de ſon côté de pareilles aſſurances, les crut aſſez ſolides, pour féliciter publiquement le Sr. de St. Auban ſur la prochaine dé-

coration dont il alloit être honoré. Cependant
neuf ans entiers se sont écoulés, & vingt-neuf
Cordons rouges ont été distribués, avant d'a-
voir pu obtenir, qu'en 1771, sous le Ministere
de M. le Marquis de Monteynard, une récom-
pense tant de fois & si vainement promise à ses
Services.

Mortifié de ces désagrémens, il lui restoit
la satisfaction intérieure de ne les avoir point
mérités, & de ne pouvoir au contraire les im-
puter qu'à l'intrigue de l'envie, excitée par
l'extrême confiance que tous les Généraux, aux
ordres desquels il avoit eu l'honneur d'être, lui
avoient toujours témoignée; mais plus encore,
par quelques éloges de sa conduite échappés
publiquement au feu Roi, & singuliérement,
par son courage à défendre des principes qu'il
ne pouvoit croire que fondés, d'après des suc-
cès constans, & une expérience de plus de quarante années. Il peut s'être trompé; il le desire
même, n'ayant d'autre vœu que le bien de
l'Etat & la gloire des Armes de S. M. ni d'autres desirs que de se voir à portée de donner
de nouvelles preuves du zèle extrême dont il
est animé.